LAS MEJORES TÉCNICAS PARA INVERTIR EN ORO

Sylvain MILON

SYLVAIN MILON

RESUMEN

INTRODUCCIÓN

"Las mejores técnicas para invertir en oro" es una guía exhaustiva que pretende proporcionar a sus lectores los conocimientos y habilidades necesarios para desenvolverse con éxito en el complejo y a menudo volátil mundo de la inversión en oro. Este libro es para todos, desde el principiante curioso hasta el profesional experimentado que busca diversificar su cartera.

El libro comienza con una exploración detallada del oro como mercancía, analizando su historia, su papel en la economía mundial y su lugar en el sistema financiero moderno. También se examinan las diversas razones por las que la gente decide invertir en oro, desde la protección frente a la inflación hasta la especulación con la subida de los precios.

A continuación, repasamos las distintas formas de invertir en oro, incluida la compra de lingotes y monedas, acciones mineras, futuros y opciones sobre el oro. También exploramos el creciente mundo del oro digital, incluidas las criptomonedas respaldadas por oro.

La segunda mitad del libro está dedicada a desarrollar su propia estrategia de inversión en oro. Tratamos técnicas para analizar el mercado del oro, estrategias de inversión a corto y largo plazo, y los riesgos potenciales de invertir en oro. También exploramos cuestiones legales y fiscales, y discutimos la importancia de diversificar su cartera.

Por último, concluimos con una serie de casos prácticos, en los que se examinan tanto los éxitos como los fracasos en la inversión en oro. Estas historias de la vida real ofrecen valiosas lecciones y una perspectiva única del mundo de la inversión en oro.

"Las mejores técnicas para invertir en oro" es algo más que una guía de inversión. Es una exploración profunda y perspicaz del papel del oro en nuestra economía y sociedad, y una hoja de ruta para navegar por este complejo mercado con confianza y éxito.

CAPÍTULO 1: EL ORO: UNA INTRODUCCIÓN HISTÓRICA Y ECONÓMICA

El oro es uno de los metales preciosos más antiguos conocidos por la humanidad y ha desempeñado un papel vital en la economía mundial durante miles de años. Este capítulo pretende que comprenda la importancia histórica y económica del oro.

El oro es apreciado por su belleza, durabilidad e inalterabilidad. No se oxida ni empaña y es resistente a la mayoría de los ácidos. Los antiguos egipcios lo consideraban un metal divino, y se ha utilizado para adornar templos, tumbas y objetos sagrados desde la prehistoria.

Sin embargo, el oro no es sólo un metal precioso utilizado en joyería o decoración. También es un importante activo financiero que ha influido en el curso de la historia económica.

El primer uso documentado del oro como medio de cambio se remonta al Imperio lidio, en Asia Menor, hacia el año 600 a.C. Los lidios acuñaron las primeras monedas de oro. Los lidios acuñaron las primeras monedas de oro, creando una forma de dinero que revolucionó el comercio y la economía.

El oro ha seguido desempeñando un papel esencial en el sistema monetario mundial a lo largo de la historia. Bajo el patrón oro, el valor de las monedas estaba directamente vinculado a una cantidad específica de oro. Aunque el patrón oro ya no está en vigor hoy en día, el oro sigue siendo un importante activo financiero.

En términos económicos, el oro suele considerarse un refugio seguro en tiempos de incertidumbre financiera o económica. Cuando los mercados bursátiles son volátiles, o cuando la inflación es elevada, los inversores suelen recurrir al oro como medio de preservar su patrimonio.

Esto se debe en parte a que el oro tiene un valor intrínseco. A diferencia de la moneda fiduciaria, que obtiene su valor de la confianza que la gente deposita en el gobierno que la emite, el oro tiene valor por sí mismo. Es raro, difícil de extraer y tiene una demanda constante para joyería, industria y tecnología.

Además de su valor intrínseco, el oro es un activo no correlacionado. Esto significa que su precio no sigue necesariamente el movimiento de los mercados de acciones o bonos. Esto lo convierte en una excelente herramienta de diversificación para los inversores.

Comprender el oro, su historia y su papel en la economía es esencial para cualquiera que desee invertir en este metal precioso. Al apreciar la importancia del oro, estará mejor preparado para comprender cómo puede desempeñar un papel en su estrategia de inversión global.

En conclusión, el oro no es sólo un metal precioso, sino también un importante activo financiero con una rica historia y una significativa importancia económica. Su capacidad de mantener su valor a lo largo del tiempo, de actuar como refugio seguro en tiempos de incertidumbre y de diversificar una cartera de inversión lo convierten en una opción atractiva para muchos inversores. En los capítulos siguientes, veremos con más detalle cómo puede invertir en oro, las estrategias que puede utilizar y los posibles riesgos y beneficios que puede encontrar.

CAPÍTULO 2: RAZONES PARA INVERTIR EN ORO

Invertir en oro no es un concepto nuevo. A lo largo de los siglos, el oro ha sido valorado por su belleza, rareza y durabilidad, pero también por sus beneficios como activo financiero. Hay muchas razones por las que puede plantearse invertir en oro. En este capítulo exploraremos algunos de los factores más relevantes que hacen que el oro resulte atractivo para los inversores.

En primer lugar, el oro se considera un refugio seguro en tiempos de incertidumbre económica. Cuando los mercados financieros son inestables, o cuando la moneda fiduciaria se ve amenazada por la inflación o la devaluación, los inversores tienden a recurrir al oro como forma de proteger su patrimonio. El oro tiende a conservar su valor incluso en tiempos de crisis, lo que lo convierte en una opción de inversión atractiva para quienes buscan minimizar su exposición al riesgo.

En segundo lugar, el oro es una excelente herramienta de diversificación de carteras. El oro tiene una baja correlación con otras clases de activos, lo que significa que sus precios no siguen necesariamente los movimientos de los mercados de renta variable o de renta fija. Al incluir oro en su cartera, puede contribuir a reducir la volatilidad general de la misma y proteger su patrimonio de las fluctuaciones de otros mercados.

En tercer lugar, el oro tiene una demanda mundial constante. Ya sea para joyería, industria o tecnología, siempre hay demanda de oro. Esta demanda constante contribuye a sostener el precio del oro y puede ofrecer interesantes oportunidades de inversión.

En cuarto lugar, el oro es un recurso finito. Hay una cantidad finita de oro en la Tierra, y extraer oro es un proceso caro y laborioso. Esta escasez contribuye al valor del oro y puede ayudar a sostener su precio a largo plazo.

Por último, la inversión en oro puede ofrecer ventajas fiscales en algunas jurisdicciones. En muchos países, las plusvalías derivadas de la inversión en oro pueden estar exentas de impuestos o gravadas a un tipo favorable. Esto puede hacer que el oro resulte aún más atractivo como opción de inversión.

Sin embargo, es importante tener en cuenta que, como cualquier inversión, invertir en oro conlleva riesgos. El precio del oro puede fluctuar debido a diversos factores, como los cambios en la oferta y la demanda, las fluctuaciones de los tipos de cambio y las condiciones económicas mundiales. Por lo tanto, es esencial que investigue por su cuenta y considere la posibilidad de consultar a un asesor financiero antes de tomar una decisión de inversión.

En conclusión, hay muchas razones por las que invertir en oro puede ser una buena estrategia para diversificar su cartera, proteger su patrimonio en tiempos de incertidumbre económica y aprovechar las oportunidades de inversión que ofrecen la demanda mundial y la escasez de oro. En los capítulos siguientes veremos con más detalle cómo puede invertir en oro, las estrategias que puede utilizar y los posibles riesgos y beneficios que puede encontrar.

CAPÍTULO 3: CÓMO COMPRAR ORO: LINGOTES, MONEDAS Y ACCIONES

Invertir en oro puede hacerse de varias maneras, cada una con sus propias ventajas e inconvenientes. En este capítulo, examinamos tres de los métodos más comunes: la compra de lingotes de oro, monedas de oro y acciones de empresas mineras auríferas.

Empecemos por los lingotes de oro. Los lingotes de oro son esencialmente bloques de oro puro, y suelen estar disponibles en varios tamaños. La compra de lingotes de oro ofrece una forma tangible de poseer oro, y a menudo se considera una de las formas más directas de invertir en este metal precioso. Sin embargo, hay que tener en cuenta que la compra de lingotes de oro conlleva gastos de almacenamiento y seguro, y que también hay que encontrar una forma segura de guardarlos.

También están las monedas de oro. Las monedas de oro son otra forma popular de invertir en oro físico. Suelen ser más pequeñas y fáciles de manejar que los lingotes, y pueden tener valor numismático además de su valor en oro. Sin embargo, al igual que los lingotes, las monedas de oro requieren un almacenamiento y un seguro adecuados. Además, a veces pueden venderse a un precio superior al precio de mercado del oro.

Por último, están las acciones de empresas mineras de oro. Invertir en empresas mineras de oro es una forma indirecta de invertir en oro. En lugar de comprar oro, se compran acciones de una empresa que extrae el oro. Esto puede ofrecer una serie de ventajas, como la posibilidad de beneficiarse de las subidas del precio del oro sin tener que almacenar o asegurar oro físico. Sin embargo, hay que tener en cuenta que invertir en empresas mineras de oro también conlleva riesgos, ya que no sólo se está expuesto a las fluctuaciones del precio del oro, sino también a los resultados de la propia empresa.

Cuando decida invertir en oro, es importante que investigue por su cuenta y comprenda las ventajas e inconvenientes de cada método. También puede ser útil consultar a un asesor financiero o a un experto en inversiones en oro para obtener asesoramiento adaptado a su situación financiera y a sus objetivos de inversión.

En conclusión, ya sea comprando lingotes de oro, monedas de oro o acciones de empresas mineras auríferas, invertir en oro ofrece una variedad de opciones que pueden adaptarse a sus necesidades y a su tolerancia al riesgo. En los capítulos siguientes, examinaremos con más detalle las estrategias de inversión que puede utilizar para maximizar su rentabilidad potencial y minimizar el riesgo al invertir en oro.

CAPÍTULO 4: EL MERCADO DEL ORO Y SUS TENDENCIAS

Comprender el mercado del oro y sus tendencias es un paso esencial para cualquiera que se plantee invertir en este metal precioso. El precio del oro está influido por multitud de factores, que van desde las condiciones económicas mundiales hasta los niveles de producción y demanda. En este capítulo, examinaremos los principales impulsores del mercado del oro y las tendencias actuales que podrían influir en su estrategia de inversión.

En primer lugar, es importante señalar que el mercado del oro es verdaderamente mundial. El oro se extrae, se vende y se compra en todo el mundo, y su precio suele determinarse en el mercado al contado del oro, donde se compra y se vende en tiempo real. La London Bullion Market Association (LBMA) es uno de los principales centros de negociación del oro, pero también hay mercados importantes en Nueva York, Hong Kong, Shanghai y otros lugares.

El precio del oro está influido por diversos factores. Entre ellos figuran :

1. Oferta y demanda: El oro es un recurso finito, y la oferta de oro procedente de la minería no siempre puede satisfacer la demanda. Cuando la demanda de oro es alta y la oferta baja, el precio del oro puede subir.

2. Condiciones económicas mundiales: El precio del oro suele verse influido por la salud de la economía mundial. En tiempos de incertidumbre económica, puede aumentar la demanda de oro como refugio seguro, lo que puede hacer subir el precio.

3. Tipos de interés: El precio del oro suele tener una relación inversa con los tipos de interés. Cuando los tipos de interés son bajos, el oro, que no genera rentabilidad, puede parecer más atractivo. Por el contrario, cuando los tipos de interés suben, los inversores pueden preferir activos que generen rentabilidad, lo que puede reducir la demanda de oro y, por tanto, su precio.

4. El valor del dólar estadounidense: El precio del oro suele estar denominado en dólares estadounidenses, por lo que existe una relación inversa entre el valor del dólar y el precio del oro. Cuando el dólar está fuerte, el precio del oro tiende a bajar, y viceversa.

5. Tendencias políticas y geopolíticas: Los conflictos, las tensiones políticas y las incertidumbres también pueden influir en el precio del oro, ya que pueden aumentar la demanda de oro como refugio seguro.

En cuanto a las tendencias actuales, existe una creciente demanda de oro por parte de los bancos centrales, sobre todo en los países emergentes. Además, la crisis sanitaria mundial y las incertidumbres económicas relacionadas han provocado un aumento de la demanda de oro como refugio seguro.

En conclusión, es crucial comprender el mercado del oro y los diversos factores que pueden influir en el precio del oro a la hora de desarrollar su estrategia de inversión. Un buen inversor es un inversor informado, y si conoce el mercado del oro y sus tendencias, estará mejor preparado para tomar decisiones de inversión con conocimiento de causa.

CAPÍTULO 5: ESTRATEGIAS DE INVERSIÓN A CORTO PLAZO

La inversión en oro a corto plazo requiere una atención constante a la evolución del mercado y un conocimiento sólido de los factores que influyen en el precio del oro. Estas estrategias suelen ser utilizadas por inversores activos, como los operadores diarios o los especuladores, que buscan beneficiarse de las fluctuaciones a corto plazo de los precios del oro. En este capítulo examinaremos algunas estrategias de inversión a corto plazo que podría considerar si desea invertir en oro durante un periodo de tiempo relativamente corto.

1. Day Trading: Esta estrategia consiste en comprar y vender oro en un mismo día de negociación. El objetivo es aprovechar las fluctuaciones de precios que se producen a lo largo del día. La negociación diaria requiere una vigilancia constante del mercado y una reacción rápida a los cambios de precios.

2. Swing Trading: El swing trading es una estrategia a corto plazo que consiste en comprar y vender oro durante un periodo de

días a semanas. Los operadores de swing buscan aprovechar las tendencias de precios a corto plazo y suelen utilizar el análisis técnico para identificar oportunidades de negociación.

3. Arbitraje: El arbitraje consiste en aprovechar las diferencias de precio del oro en distintos mercados. Por ejemplo, si el oro se vende a un precio más alto en un mercado que en otro, un arbitrajista puede comprar oro en el mercado donde el precio es más bajo y venderlo en el mercado donde el precio es más alto para obtener un beneficio.

4. Operaciones con margen: Las operaciones con margen consisten en pedir dinero prestado para aumentar la cantidad de oro que puede comprar. Esto puede aumentar potencialmente sus beneficios, pero también aumenta el riesgo de pérdidas si cae el precio del oro.

Es importante tener en cuenta que las estrategias de inversión a corto plazo suelen implicar un mayor nivel de riesgo que las estrategias de inversión a largo plazo. Los precios del oro pueden ser volátiles a corto plazo, y es posible perder parte o la totalidad de su inversión. Además, algunas de estas estrategias requieren habilidades avanzadas y un conocimiento profundo de los mercados financieros.

Antes de embarcarse en una inversión en oro a corto plazo, es importante comprender los riesgos que conlleva y asegurarse de que se siente cómodo con el nivel de riesgo que está asumiendo. Puede ser útil consultar a un asesor financiero o a un experto en inversiones en oro para que le asesore en función de su situación financiera y sus objetivos de inversión.

En conclusión, aunque la inversión en oro a corto plazo

puede ofrecer oportunidades de obtener beneficios, requiere un seguimiento constante del mercado, un conocimiento sólido de los factores que influyen en el precio del oro y una elevada tolerancia al riesgo. En el próximo capítulo, analizaremos las estrategias de inversión en oro a largo plazo.

CAPÍTULO 6: ESTRATEGIAS DE INVERSIÓN A LARGO PLAZO

La inversión en oro a largo plazo se utiliza a menudo como estrategia para preservar el patrimonio y diversificar la cartera. A diferencia de la inversión a corto plazo, que busca beneficiarse de las fluctuaciones del precio a corto plazo, la inversión en oro a largo plazo busca beneficiarse de la tendencia general al alza del precio del oro durante un periodo de años. En este capítulo, examinaremos algunas de las estrategias de inversión a largo plazo que podría considerar si desea invertir en oro durante un periodo de tiempo más largo.

1. Comprar y conservar oro físico: La compra de oro físico en forma de lingotes o monedas es una estrategia de inversión a largo plazo muy popular. Le permite poseer el oro directamente y beneficiarse de cualquier aumento del valor del oro con el paso del tiempo. Sin embargo, esta estrategia conlleva gastos de almacenamiento y seguro, y requiere una forma segura de guardar el oro.

2. Invertir en fondos indexados al oro: Los fondos indexados al oro, como los Exchange Traded Funds (ETF), permiten invertir en oro sin tener que poseer el oro físico. Estos fondos suelen seguir el precio del oro y ofrecen una forma cómoda de invertir en oro, sin tener que preocuparse por el almacenamiento o el seguro.

3. Invertir en acciones de empresas mineras de oro: Invertir en acciones de empresas mineras de oro es otra estrategia de inversión a largo plazo. Esta estrategia le permite beneficiarse del aumento del valor del oro, al tiempo que tiene la oportunidad de beneficiarse del éxito de la empresa minera.

4. Dollar Cost Averaging (DCA): DCA es una estrategia que consiste en invertir una cantidad fija de dinero en oro a intervalos regulares, independientemente del precio del oro. Esto reduce el impacto de las fluctuaciones de precios a corto plazo y puede ser una buena estrategia para los inversores a largo plazo.

Es importante señalar que, aunque estas estrategias de inversión a largo plazo pueden ayudar a reducir el riesgo asociado a la volatilidad del precio del oro a corto plazo, no están exentas de riesgo. Como ocurre con cualquier inversión, es posible perder una parte o la totalidad de la inversión, y el pasado no garantiza el rendimiento futuro.

En conclusión, la inversión a largo plazo en oro puede ser una estrategia eficaz para diversificar su cartera, proteger su patrimonio frente a la inflación y la volatilidad de los mercados y, potencialmente, obtener beneficios a largo plazo. Sin embargo, es importante conocer los riesgos asociados e investigar antes de lanzarse a la aventura. En el próximo capítulo veremos con más detalle cómo evaluar las empresas mineras auríferas para invertir en ellas.

CAPÍTULO 7:
LOS RIESGOS DE
INVERTIR EN ORO

Aunque el oro suele considerarse un refugio seguro en tiempos de inestabilidad económica y una herramienta eficaz para la diversificación de carteras, no está exento de riesgos. En este capítulo, examinamos los principales riesgos asociados a la inversión en oro y cómo puede gestionarlos.

1. Volatilidad del precio: El precio del oro puede ser extremadamente volátil. Está sujeto a rápidas y amplias fluctuaciones en las que pueden influir diversos factores, como la situación económica mundial, la política monetaria de los bancos centrales y la demanda de los consumidores. Si invierte en oro a corto plazo, debe estar preparado para esta volatilidad.

2. Riesgo de liquidez: Aunque el oro suele ser un activo líquido, puede haber momentos en los que la liquidez del mercado sea limitada. Esto puede dificultar la venta de su oro a un precio favorable cuando sea necesario.

3. Riesgo de almacenamiento: Si decide invertir en oro físico, necesita disponer de un modo seguro de almacenarlo. Almacenar

oro puede implicar costes adicionales, como el seguro, y siempre existe el riesgo de robo.

4. Riesgo de contraparte: Si invierte en oro a través de un contrato (como un contrato de futuros sobre oro o un ETF), está expuesto al riesgo de contraparte. Se trata del riesgo de que la parte que está al otro lado del contrato no pueda cumplir sus obligaciones. Por ejemplo, si invierte en un ETF de oro, depende de la capacidad del emisor del ETF para cumplir sus obligaciones.

5. Riesgo de tipo de interés: El oro no genera rendimientos en forma de intereses o dividendos, lo que significa que si los tipos de interés suben, los inversores pueden verse tentados a vender su oro para invertir en activos más rentables.

6. Riesgo de divisa: Como el precio del oro se expresa generalmente en dólares estadounidenses, si invierte en oro y su moneda local se aprecia frente al dólar, el valor de su inversión en oro puede bajar.

En conclusión, aunque invertir en oro puede ofrecer ventajas como la diversificación de la cartera y la protección frente a la inflación, es importante comprender y gestionar los riesgos asociados. Un buen inversor es un inversor informado, y si comprende los riesgos asociados a la inversión en oro, estará mejor preparado para tomar decisiones de inversión con conocimiento de causa. En el próximo capítulo, analizaremos cómo construir una cartera de inversión en oro equilibrada.

CAPÍTULO 8:
ORO DIGITAL:
CRIPTOMONEDAS
RESPALDADAS
POR ORO

Con el auge de la tecnología blockchain y las criptomonedas, ha surgido una nueva forma de inversión en oro: el oro digital. Las criptodivisas respaldadas por oro, como Tether Gold (XAUT) o PAX Gold (PAXG), son tokens digitales en los que cada unidad representa una cierta cantidad de oro físico. En este capítulo, exploraremos qué son estas criptodivisas respaldadas por oro, cómo funcionan y qué pueden hacer por su estrategia de inversión.

Las criptomonedas respaldadas por oro están diseñadas para combinar las ventajas del oro físico y la tecnología blockchain. Al igual que el oro físico, están respaldadas por un activo tangible que tiene valor intrínseco. Pero al igual que las criptomonedas, son fácilmente intercambiables, divisibles y pueden almacenarse digitalmente sin necesidad de seguridad física.

Así es como suelen funcionar las criptomonedas respaldadas por oro:

1. Emisión: Una empresa emite una criptomoneda respaldada por oro. Cada ficha representa una determinada cantidad de oro físico, normalmente un gramo o una onza. La empresa guarda el oro físico en una cámara acorazada segura.

2. Compra: Los inversores compran los tokens al emisor o a una bolsa de criptomonedas. La compra de tokens suele realizarse utilizando otras criptodivisas, como Bitcoin o Ethereum.

3. Intercambio y almacenamiento: Los tokens pueden intercambiarse por otras criptomonedas o almacenarse como inversión. Como se basan en la tecnología blockchain, pueden guardarse en un monedero digital.

4. Canje: Si el inversor lo desea, normalmente puede canjear sus fichas por el correspondiente oro físico.

Invertir en criptomonedas respaldadas por oro tiene varias ventajas. Ofrecen la liquidez y la facilidad de cambio de las criptomonedas, al tiempo que están respaldadas por un activo tangible. También permiten una divisibilidad que el oro físico no puede ofrecer: puede comprar una pequeña fracción de un token si lo desea.

Sin embargo, es importante tener en cuenta que invertir en criptomonedas respaldadas por oro también conlleva riesgos. Como ocurre con cualquier inversión en criptodivisas, existe el riesgo de volatilidad de precios, piratería informática y pérdida de sus tokens si pierde el acceso a su monedero digital. Además, debe confiar en que el emisor del token custodie de forma segura el oro que respalda su inversión.

En conclusión, las criptomonedas respaldadas por oro pueden ser una forma interesante de invertir en oro, especialmente para aquellos que se sienten cómodos con la tecnología blockchain y las criptomonedas. Sin embargo, como con cualquier inversión, es importante entender los riesgos asociados y hacer su propia investigación antes de saltar en. En el próximo capítulo, exploraremos otras formas de inversión en oro digital.

CAPÍTULO 9: VALORACIÓN Y ANÁLISIS DEL ORO: CÓMO HACER UNA PREDICCIÓN INFORMADA

La valoración y el análisis del oro son esenciales para realizar predicciones fundadas sobre el rendimiento futuro de este activo. En este capítulo, repasaremos algunos de los métodos que puede utilizar para analizar el mercado del oro, comprender su valor y anticipar su evolución futura.

1. Análisis fundamental: El análisis fundamental es el estudio de los factores económicos, políticos y sociales que pueden influir en el precio del oro. Esto incluye el examen de las condiciones económicas mundiales, las políticas de los bancos centrales, los niveles de inflación, las crisis geopolíticas y la demanda de oro por parte de los consumidores. Por ejemplo, en épocas de inestabilidad económica o de bajos tipos de interés, puede aumentar la demanda de oro como valor refugio, lo que puede hacer subir su precio.

2. Análisis técnico: El análisis técnico consiste en estudiar los movimientos pasados de los precios del oro para predecir su comportamiento futuro. Los analistas técnicos utilizan diversas herramientas e indicadores, como gráficos de precios, tendencias, niveles de soporte y resistencia, y patrones de velas para realizar sus predicciones.

3. Valoración frente a otros activos : Otra forma de valorar el oro es compararlo con otros activos. Por ejemplo, el ratio oro/plata compara el precio del oro con el de la plata. Si el ratio es alto, podría indicar que el oro está sobrevalorado en relación con la plata, y viceversa. Del mismo modo, el ratio Dow/oro compara el precio del oro con el Dow Jones Industrial Average para evaluar si las acciones o el oro están sobrevalorados.

4. Análisis de la oferta y la demanda: Comprender la dinámica de la oferta y la demanda también puede ayudar a valorar el oro. Por ejemplo, si la demanda de oro para joyería, inversión y usos industriales es fuerte, pero la oferta es limitada debido a la reducción de la producción minera, esto podría hacer subir los precios del oro.

Sin embargo, es importante tener en cuenta que, aunque estos métodos pueden ayudarle a hacer predicciones con conocimiento de causa, no existen garantías de inversión. El precio del oro está influido por multitud de factores, y la situación puede cambiar rápidamente. Por lo tanto, es esencial mantenerse informado, hacer su propia investigación y estar preparado para adaptar su estrategia de inversión a medida que cambien las condiciones del mercado.

En conclusión, la valoración y el análisis del oro son habilidades cruciales para cualquier inversor en oro. En el próximo capítulo estudiaremos cómo crear una cartera de inversión en oro diversificada.

CAPÍTULO 10: LEGISLACIÓN Y FISCALIDAD DEL ORO

La legislación y la fiscalidad del oro son aspectos importantes que todo inversor en oro debe comprender. En este capítulo, repasaremos las principales leyes y normativas que regulan la compra, venta y tenencia de oro, así como las implicaciones fiscales de estas transacciones.

Es importante tener en cuenta que las leyes y normativas relativas al oro pueden variar de un país a otro. Por lo tanto, es esencial familiarizarse con las leyes locales y consultar a un asesor financiero o jurídico en caso necesario.

1. Compra y venta de oro: En muchos países, la compra y venta de oro suele estar permitida. Sin embargo, puede haber ciertas restricciones o requisitos. Por ejemplo, en algunos países se le puede exigir que presente un documento de identidad al comprar oro, o puede haber límites en la cantidad de oro que puede comprar o vender de una sola vez.

2. Poseer oro: En general, poseer oro es legal, pero puede haber restricciones sobre la cantidad de oro que puede poseer o sobre

cómo puede almacenarlo. Por ejemplo, algunos países exigen que el oro se guarde en una cámara acorazada o en una entidad financiera autorizada.

3. Fiscalidad del oro: Las ganancias derivadas de la venta de oro suelen estar sujetas al impuesto sobre la renta o sobre las plusvalías en muchos países. El tipo impositivo y la forma de calcular las ganancias pueden variar. Por ejemplo, en algunos países puede tributar por la diferencia entre el precio de venta y el precio de compra del oro. En otros países, la tributación puede depender del tiempo que haya tenido el oro.

4. Oro e IVA: En algunos países, la compra de oro puede estar sujeta al impuesto sobre el valor añadido (IVA). El tipo de IVA y los tipos de oro sujetos a IVA pueden variar. Por ejemplo, en algunos países, el IVA puede aplicarse a la compra de oro en forma de joyas, pero no a la compra de oro en forma de lingotes o monedas en lingotes.

5. Transferir oro al extranjero: Si tiene previsto transferir oro al extranjero, puede haber restricciones o requisitos de declaración. Por ejemplo, es posible que tenga que declarar en aduana el transporte de oro si su valor supera una determinada cantidad.

En conclusión, la legislación y la fiscalidad del oro son aspectos clave de la inversión en oro. Es importante comprender estos elementos para poder planificar su inversión con eficacia y evitar sorpresas fiscales o legales. En el próximo capítulo, veremos cómo diversificar su cartera de inversiones en oro.

CAPÍTULO 11: CONSERVACIÓN Y SEGURO DEL ORO

El almacenamiento y el seguro del oro son una parte esencial de la inversión en oro. Después de todo, si compra oro físico, necesita asegurarse de que está almacenado de forma segura y de que su valor está protegido. En este capítulo, repasaremos las diferentes opciones para almacenar oro y los factores a tener en cuenta a la hora de contratar un seguro para su oro.

1. Almacenamiento doméstico: El almacenamiento doméstico de oro puede parecer una opción atractiva para algunos inversores, ya que ofrece acceso inmediato y tranquilidad. Sin embargo, el almacenamiento doméstico conlleva riesgos importantes. No sólo existe el riesgo de robo, sino que su oro también podría resultar dañado por factores como un incendio o una inundación. Si decide almacenar oro en casa, es esencial que invierta en una caja fuerte de alta calidad y se asegure de que su oro está debidamente asegurado.

2. Almacenamiento bancario: Las cámaras acorazadas de los bancos son una opción más segura para guardar el oro. Ofrecen un alto nivel de protección física y suelen estar aseguradas. Sin embargo, también pueden ser caras y no tendrá acceso inmediato

a su oro. Además, en algunos países, el contenido de las cámaras acorazadas de los bancos no está asegurado automáticamente, por lo que deberá comprobar esta información con su banco.

3. Almacenamiento privado: Las empresas de almacenamiento privado ofrecen servicios especializados de almacenamiento de oro. Estas instalaciones suelen ofrecer altos niveles de seguridad, seguro incorporado y acceso a su oro cuando lo solicite. Sin embargo, las tarifas de estos servicios pueden ser elevadas, por lo que es importante compararlas antes de tomar una decisión.

4. Seguro de oro: El seguro de oro es esencial para proteger el valor de su inversión. La mayoría de las pólizas de seguro cubren pérdidas por robo, pero debe comprobar si también cubren daños o pérdidas por otros factores, como catástrofes naturales. También es importante entender las condiciones del seguro. Por ejemplo, algunas aseguradoras pueden exigir que el oro se guarde en una caja fuerte o en un almacén autorizado.

En conclusión, el almacenamiento y el seguro del oro son aspectos importantes de la inversión en oro. Es importante pensar detenidamente en estas cuestiones antes de realizar una inversión y asegurarse de que su oro está almacenado de forma segura y asegurado adecuadamente. En el próximo capítulo hablaremos de la importancia de diversificar su cartera de inversiones en oro.

CAPÍTULO 12: DIVERSIFICACIÓN DE LA CARTERA DE INVERSIONES

La diversificación es una estrategia de inversión esencial para gestionar el riesgo y aumentar el rendimiento potencial de su cartera. La idea que subyace a la diversificación es sencilla: "no ponga todos los huevos en la misma cesta". En este capítulo veremos cómo diversificar su cartera de inversión en oro.

1. Diversificación por tipo de oro: Una forma de diversificar su cartera de oro es invertir en distintos tipos de oro. Por ejemplo, puede tener una combinación de monedas de oro, lingotes de oro, joyas de oro y acciones de empresas mineras de oro. Cada uno de estos tipos de oro tiene sus propias ventajas e inconvenientes, y su rendimiento puede variar en función de las condiciones del mercado.

2. Diversificación geográfica: La diversificación geográfica es otra estrategia de diversificación que puede utilizar. Esto significa que invierte en oro de distintos países o regiones. Por ejemplo, puede tener acciones de empresas mineras de oro con sede

en Norteamérica, Australia y Sudáfrica. Esto puede ayudarle a reducir el riesgo asociado a la inestabilidad política o económica en una región específica.

3. Diversificación por clases de activos: La diversificación por clases de activos significa que mantiene diferentes tipos de inversiones, no sólo oro. Por ejemplo, puede tener una cartera que incluya oro, acciones, bonos, inmuebles y efectivo. Esto puede ayudarle a reducir el riesgo de su cartera, ya que las distintas clases de activos pueden comportarse de forma diferente en función de las condiciones del mercado.

4. Diversificación dentro de las acciones auríferas: Si invierte en acciones de empresas mineras auríferas, también puede diversificarse manteniendo acciones de varias empresas. Esto puede ayudarle a reducir el riesgo asociado al rendimiento de una sola empresa.

5. Diversificación temporal: La diversificación temporal, o inversión a plazo fijo, consiste en invertir una cantidad fija de dinero en oro a intervalos regulares, independientemente del precio del oro. Esto puede ayudarle a reducir el riesgo de sincronización con el mercado, ya que compra más oro cuando los precios están bajos y menos oro cuando los precios están altos.

En conclusión, la diversificación es una estrategia de inversión clave para gestionar el riesgo y maximizar el potencial de rentabilidad de su cartera. Al diversificar su cartera de inversión en oro, puede reducir su exposición al riesgo al tiempo que se beneficia del potencial de rentabilidad de los distintos tipos de oro, regiones y clases de activos. En el próximo capítulo, veremos cómo gestionar y revisar su cartera de inversión en oro.

CAPÍTULO 13: EL IMPACTO DE LA POLÍTICA MUNDIAL EN EL MERCADO DEL ORO

El oro suele considerarse un refugio seguro en tiempos de crisis, y con razón. Los acontecimientos políticos mundiales pueden tener un impacto significativo en el mercado del oro. En este capítulo, analizaremos cómo la política mundial puede influir en el precio del oro y cómo puede usted navegar por estas aguas a menudo turbulentas como inversor.

1. Guerras y conflictos: Los conflictos militares y las guerras pueden crear una inestabilidad económica y política que hace que el oro resulte atractivo como inversión segura. Cuando estalla una guerra o aumentan las tensiones militares, los inversores pueden recurrir al oro como refugio seguro, lo que puede hacer subir su precio.

2. Políticas monetarias: Las decisiones de los bancos centrales de todo el mundo sobre los tipos de interés y la impresión de dinero pueden tener un gran impacto en el precio del oro. En general, cuando los tipos de interés son bajos y la impresión de dinero es

elevada, esto puede debilitar el valor del dinero y hacer que el oro resulte más atractivo como inversión.

3. Elecciones y cambios políticos: Las elecciones y los cambios políticos también pueden influir en el mercado del oro. La incertidumbre que rodea a las elecciones y la posibilidad de que se produzcan cambios políticos pueden hacer que los inversores recurran al oro como refugio seguro.

4. Sanciones y comercio: Las sanciones comerciales y las guerras comerciales pueden perturbar los mercados mundiales y crear inestabilidad económica. Esto, a su vez, puede aumentar la demanda de oro y hacer subir los precios. Por ejemplo, si un importante país productor de oro se ve afectado por sanciones comerciales, la oferta mundial de oro podría verse alterada y subir los precios.

5. Crisis económicas y financieras: Las crisis económicas y financieras, ya sean causadas por burbujas inmobiliarias, crisis de deuda o recesiones, también pueden tener un gran impacto en el mercado del oro. Durante estas crisis, los inversores pueden recurrir al oro como refugio seguro, lo que puede hacer subir su precio.

En conclusión, la política mundial puede tener un gran impacto en el mercado del oro. Como inversor, es importante seguir de cerca los acontecimientos mundiales y comprender cómo pueden influir en el precio del oro. Esto puede ayudarle a tomar decisiones de inversión informadas y a navegar con éxito por el mercado del oro. En el próximo capítulo, examinaremos los distintos recursos que puede utilizar para mantenerse informado sobre las tendencias del mercado del oro.

CAPÍTULO 14: EL FUTURO DE LA INVERSIÓN EN ORO

La inversión en oro tiene una larga historia, pero, como cualquier otro sector, está en constante evolución. En este capítulo analizamos algunas de las tendencias que podrían configurar el futuro de la inversión en oro.

1. Oro digital: Una de las tendencias más interesantes en la inversión en oro es el auge del oro digital. Se trata de productos que utilizan la tecnología blockchain para representar la propiedad del oro físico. Esta tendencia podría hacer que la inversión en oro sea más accesible y sencilla para los inversores minoristas.

2. El impacto de las tecnologías disruptivas: Las tecnologías disruptivas, como la inteligencia artificial y el big data, tienen el potencial de transformar el mercado del oro. Por ejemplo, estas tecnologías podrían utilizarse para mejorar la eficiencia de las operaciones mineras, lo que podría reducir los costes y aumentar la oferta de oro. También podrían utilizarse para mejorar la precisión de los análisis del mercado del oro, lo que podría ayudar a los inversores a tomar mejores decisiones de inversión.

3. Retos medioambientales: La industria del oro se enfrenta a importantes retos medioambientales, sobre todo en lo que respecta al impacto de la extracción de oro en el medio ambiente. Estos retos podrían repercutir en la futura oferta de oro y en la percepción pública de la industria del oro. Esto, a su vez, podría influir en el mercado del oro.

4. Evolución de la normativa: La regulación del mercado del oro está en constante evolución, y es posible que en el futuro surjan nuevas normativas que afecten al mercado del oro. Por ejemplo, podrían introducirse nuevas normas para combatir el blanqueo de capitales y la financiación del terrorismo, lo que podría hacer más compleja la inversión en oro.

5. Cambios en los patrones económicos mundiales: Los cambios en los patrones económicos mundiales, como el auge de los países en desarrollo y las fluctuaciones de los tipos de interés, también podrían repercutir en el futuro de la inversión en oro.

En conclusión, es probable que el futuro de la inversión en oro se vea influido por una serie de factores, como las innovaciones tecnológicas, los retos medioambientales, los cambios normativos y las transformaciones de los modelos empresariales mundiales. Como inversor, es importante mantenerse informado sobre estas tendencias y comprender cómo pueden influir en el mercado del oro en el futuro. En el próximo capítulo, concluiremos analizando cómo puede utilizar la información presentada en este libro para desarrollar su propia estrategia de inversión en oro.

CAPÍTULO 15: CASO PRÁCTICO: ÉXITO Y FRACASO EN LA INVERSIÓN EN ORO

En este capítulo final, examinaremos algunos casos prácticos que ilustran tanto los éxitos como los fracasos de la inversión en oro. Estudiando estos ejemplos, podrá aprender valiosas lecciones para desarrollar su propia estrategia de inversión en oro.

Caso práctico 1: Éxito

John, un astuto inversor, invirtió en oro en 2008, justo antes de la crisis financiera mundial. Previó la inestabilidad económica y la volatilidad de los mercados y asignó parte de su cartera al oro. En los años siguientes, a medida que los mercados bursátiles caían y los inversores buscaban refugios seguros, el precio del oro subió significativamente. John pudo vender parte de su oro a un precio elevado, obteniendo un beneficio sustancial. Su inversión en oro tuvo éxito porque supo anticiparse a las condiciones económicas y aprovecharlas.

Caso práctico 2: Fracaso

Jane, una inversora principiante, oyó hablar de las ventajas de invertir en oro y decidió comprar oro físico en forma de joyas. Sin embargo, no investigó lo suficiente sobre el mercado del oro ni sobre los precios de las joyas. Compró joyas de oro a un precio elevado, sin tener en cuenta las elevadas primas que cobraban los minoristas. Cuando decidió revender sus joyas, descubrió que su valor real era inferior al que había pagado. Jane sufrió una pérdida financiera porque no tuvo en cuenta factores como los costes adicionales y el valor real de mercado de las joyas.

Estos casos ponen de relieve la importancia de investigar y comprender el mercado del oro antes de realizar una inversión. He aquí algunas lecciones que puede aprender de estos casos:

1. Investigue a fondo: Antes de invertir en oro, es fundamental investigar a fondo el mercado del oro, las tendencias históricas, los factores económicos que influyen en él y los distintos tipos de inversiones en oro disponibles.

2. Anticiparse a las condiciones del mercado: Intente anticiparse a las condiciones económicas y políticas que podrían influir en el precio del oro. Por ejemplo, una crisis económica inminente o una mayor inestabilidad política pueden ser señales para invertir en oro.

3. Diversifique su cartera: la diversificación es esencial para reducir el riesgo. Incluyendo el oro en una cartera diversificada, puedes limitar el impacto de la volatilidad del mercado.

4. Evalúe los costes y el valor real: Al comprar oro, asegúrese de tener en cuenta los costes adicionales, como primas, gastos de almacenamiento y gastos de transacción. Evalúe también el valor

real del oro que está comprando, basándose en los precios de mercado.

5. Sea paciente y adaptable: La inversión en oro puede ser volátil a corto plazo. Es importante ser paciente y adoptar una visión a largo plazo. Esté preparado para ajustar su estrategia de inversión en respuesta a las cambiantes condiciones del mercado.

En conclusión, invertir en oro puede ser a la vez gratificante y arriesgado. Si aprende de los casos prácticos presentados y sigue unas buenas prácticas de inversión, podrá mejorar sus posibilidades de éxito en la inversión en oro. Siga formándose, investigando y ajustando su estrategia a medida que cambien las condiciones del mercado. Buena suerte en su viaje de inversión en oro.

CONCLUSIÓN: REFLEXIONES FINALES SOBRE LAS MEJORES TÉCNICAS PARA INVERTIR EN ORO

En este libro hemos explorado diversos aspectos de la inversión en oro, desde su importancia histórica hasta sus aplicaciones prácticas en el mundo moderno. Hemos tratado temas como la comprensión del oro, las razones para invertir, los distintos métodos de compra, el mercado del oro, las estrategias de inversión a corto y largo plazo, los riesgos asociados, las criptodivisas respaldadas por oro, la legislación y la fiscalidad, la custodia y los seguros, la valoración y el análisis, el impacto de la política mundial, el futuro de la inversión en oro y casos prácticos de éxitos y fracasos.

A lo largo de estos capítulos, ha adquirido conocimientos esenciales que le ayudarán a tomar decisiones de inversión informadas sobre el oro. Sin embargo, es importante recordar que invertir en oro no está exento de riesgos. Los mercados financieros están sujetos a volatilidad y los resultados pasados no garantizan los resultados futuros. Por lo tanto, es fundamental actuar con cautela, investigación y reflexión a la hora de tomar decisiones de inversión.

El oro es un activo único por sus características intrínsecas, como su valor tangible, su liquidez y su condición de valor refugio. Puede servir como diversificador de la cartera y ofrecer protección frente a la inflación y la incertidumbre económica. Sin embargo, cada inversor es diferente y las mejores técnicas para invertir en oro pueden variar en función de sus objetivos, tolerancia al riesgo y horizonte de inversión.

Es esencial mantenerse al corriente de las últimas tendencias y novedades del mercado del oro. Las condiciones económicas, políticas y geopolíticas pueden influir en el precio del oro, así como los avances tecnológicos que dan forma a nuevas formas de inversión en oro. Si no pierde de vista estos factores, podrá ajustar su estrategia de inversión en consecuencia.

Además, no olvide la importancia de la diversificación. Al invertir en una variedad de activos, incluido el oro, puede reducir el riesgo global de su cartera y maximizar las oportunidades de rentabilidad.

Por último, no olvide consultar a profesionales de la inversión, como asesores financieros o expertos en metales preciosos, para que le guíen en su viaje de inversión en oro. Sus conocimientos y experiencia pueden ofrecerle un asesoramiento personalizado y ayudarle a alcanzar sus objetivos financieros.

En conclusión, invertir en oro puede ofrecer importantes beneficios a los inversores, pero también requiere un conocimiento profundo del mercado y un enfoque reflexivo. Aplicando las mejores técnicas que ha aprendido en este libro, podrá posicionarse con más conocimiento y confianza en su viaje de inversión en oro.

Recuerde que invertir es un proceso continuo. Manténgase informado sobre las últimas noticias y novedades del sector del oro. Revise periódicamente su cartera de inversión y adapte su estrategia a las cambiantes condiciones del mercado.

Al invertir en oro, puede añadir una valiosa dimensión a su cartera y proteger potencialmente su patrimonio a largo plazo. El oro ha resistido la prueba del tiempo como refugio seguro y sigue siendo buscado por inversores de todo el mundo.

Esperamos que este libro le haya proporcionado los conocimientos y herramientas necesarios para embarcarse con confianza en su viaje de inversión en oro. Recuerde siempre la importancia de la investigación, la diversificación y la paciencia en su enfoque. Que su viaje de inversión en oro sea un éxito y le proporcione la tranquilidad financiera que busca.

Buena inversión en oro

www.ingramcontent.com/pod-product-compliance
Lightning Source LLC
Chambersburg PA
CBHW072236230526
45466CB00024B/2083